皇帝先生您好嗎？

三聯書店（香港）有限公司
Joint Publishing (H.K.) Co., Ltd.

目錄

序　繼往開來，傳承文化

長久以來，我時常感受到故宮書籍的出版之於文化傳承的重要性。這種傳承除了學術上的推陳出新、藝術上的多彩呈現、宣傳上的傳播引導之外，還有一則，那就是用更加活潑、新穎、親切的方式培養我們未來的知音，讓更多的小朋友發自內心地喜歡故宮，從而走進故宮、了解故宮，繼承並發揚故宮蘊含的傳統文化的光輝。

很高興設計及文化研究工作室的趙廣超先生及其團隊，如此精心地打造這套《我的家在紫禁城》系列。我相信，這個系列能讓小朋友在掌握知識、感受傳統文化的同時，亦能津津有味、興趣盎然地閱讀它。就是像你我這樣的成年人，也可以藉著本書，一同來回味那已逝的童真，並輕鬆地欣賞故宮文化的廣博！

王亞民

故宮博物院原常務副院長暨故宮出版社社長

親愛的皇帝先生：

從小我們就在電視機裡看您威武英明，受文武百官、天下百姓尊崇，呼風喚雨，享盡富貴榮華，總覺得您是世上最幸福最偉大的人。

可有時候又見您只顧玩樂，荒廢工作，叫人失望。後來才知道，老在電視上出現的「皇帝先生」都不是真的皇帝。距離我們最近的皇帝先生也在大約100年前離開皇宮了，據說他登基時才3歲，真的難以想像！

可惜那個時代沒有電視新聞和互聯網，連聽您親口說一句話的機會也沒有，不然定能了解您多一點。

老實說，皇帝先生，您真的是一條龍嗎？

您快樂嗎？您會傷心嗎？您最愛吃什麼？

您要上學嗎？您有假期嗎？您也會被罰嗎？

到底，您的生活過得怎麼樣？

到底 ——

皇帝先生，您好嗎？

皇帝

皇帝先生
您好嗎？

護駕！
護駕！
護駕！
護駕！
護駕！

想當皇帝的人很多，想謀朝篡位的人也不少。歷史中被篡弒身亡的皇帝竟佔總數的三分之一，因此對每個人都不可不防——包括小孩子。皇帝無時無刻都要有森嚴保衛，清代負責守衛皇宮的軍隊和直接保護皇帝的御前侍衛，主要都是八旗子弟。清初的八旗軍驍勇善戰，到後期就逐漸鬆懈散漫下來了。

皇上尊貴
閒人莫近
初時驍勇

傳說中的三皇出現在中國夏朝以前，是發明造福民生事物的聖人。關於三皇是誰的說法有很多，這幾位都受之無愧：
女媧手執（圓）規；伏羲拿著矩（角尺），教大家做事、做人都要有「規矩」；神農氏嚐百草，是農業和醫藥的發明者，拔盡人間疾病之苦。

兼且有五帝

約四千多年前，黃河流域的姬姓部落首領黃帝，與一個以炎帝為首的姜姓部落常常發生磨擦。經過阪泉一戰，黃帝打勝，兩個部落從此結為聯盟，繁衍出世世代代的「炎黃子孫」（中國人）。黃帝之後一傳四帝，這個年代是傳說中最美好的時期，歷史上稱他們為「五帝」。

砌砌砌！
秦始皇

公元前221年，秦王嬴政統一天下，自覺功績「超皇趕帝」，於是自稱始皇帝。

皇帝的出現，意味著國家不再是由幾個家（諸侯）並立、爭奪的世界，而是只屬一家，「家長」便是皇帝。皇帝號令天下，莫敢不從。

受命於天
神聖在上
聖上
頭「雲」……
百姓
平民

太混亂的時代不算，從秦始皇到清代覆亡（1911）的二千多年間，中國先後出現了352個皇帝（包括女皇帝武則天和最後一個小娃娃皇帝溥儀）。每個皇帝，尤其是改朝換代的首任皇帝，都努力要令每一個人相信他才是「上天的兒子」（天子），是「受命於天」，讓大家心悅誠服地稱他為「聖上」（神聖、高高在上）。在封建時代，皇帝就是整個國家的核心和象徵，所以也住在最大、最豪華的皇宮裡。

第一人稱

寡人

皇帝

寂寞啊！

孤獨哩！

寡人解作「寡德之人」，春秋戰國時君王、諸侯常用的自稱。

朕
噫！好渺小喲！
皇后嬪妃
朕即「我」，
秦始皇之後的皇帝自稱。

在影視戲曲作品中，皇后及皇太后在皇帝歸天後自稱「哀家」。

奴婢……

嬪妃

賤妾……

奴才
喳！
朝中滿族大臣
大聲說自己命賤

千萬不要當真

第一家庭都悽慘到這個地步，
其他人更不好說什麼了！
君臨天下，權力最大。
好皇帝令國家平穩統一，人民生活過得好；
皇帝行為不檢，人民生活便過得差。

開國之君通常都很英明，接著繼任的皇帝就很難說。
無論如何，大家都因為皇帝對國家的意義而滿懷

期望。

人們對皇帝的「期望」
甚至比「準皇帝」本人更早
就來到這世界哩……

嬪妃住在後宮裡，一心一意侍候皇帝，為他生兒育女，振興皇家龍脈。
誰能先為皇上添個寶寶，地位即可提升，並受冊封、遷新宮院、
添奴僕。寶寶誕生前 3 個月，更有御醫日夜輪值，福食分例加半。

咸豐皇帝早產

道光十年五月（1830 年 6 月），全貴妃和祥貴人同時有喜。
預計祥貴人會比自己早誕嬰兒，全貴妃即每日服下保胎速
生藥物，終於比祥貴人早 6 天生下了皇四子（日後的咸豐
皇帝）。在皇位繼承的競賽勝出的咸豐皇帝，卻因催生早產
的關係，導致一生體弱多病，去世時只有 31 歲。

寶寶最好是「阿哥」(滿語哥哥的意思，皇子亦可稱為阿哥)，日後可望繼承皇位。公主(現代影視作品中稱的「格格」，實為滿語姑娘的意思)命運跟皇子大不相同，她們大多早婚，最小的 10 歲便出嫁，且往往嫁到很遠的地方。她們亦通常很短命，平均壽命不到 22 歲。

分例

清宮關於皇子、公主、皇孫、皇曾孫的賞銀規定：

皇子誕生滿月後賞銀 10 兩，

入學後每月添賞銀 50 兩，

成婚後每月賞銀 500 兩，

成婚後每年生辰賞銀 900 兩。

公主滿月起每月賞銀 10 兩，

滿 6 歲後每月賞銀 40 兩。

皇孫自成婚之月起賞銀 200 兩。

皇曾孫自成婚之月起賞銀 100 兩。

滿語關鍵詞

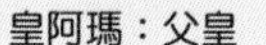

皇阿瑪：父皇　　皇額娘：母后

阿哥：皇子

嬤嬤：乳母　　蘇拉：閒散的雜役

愛新：金、金色的
愛新覺羅：滿清皇帝的姓氏

阿其那：狗
雍正皇帝曾對八弟下令改名阿其那，
並像驅趕狗隻一樣將他趕出皇族。

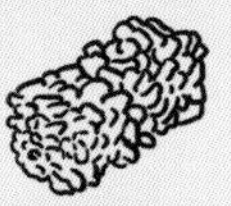

薩其馬：
滿族的傳統糕點，香港俗稱「馬仔」。

清代皇族家法，阿哥出生後，母子便可能要分開，以免皇子與母親娘家（外戚）關係太過密切，以致日後政權削弱。

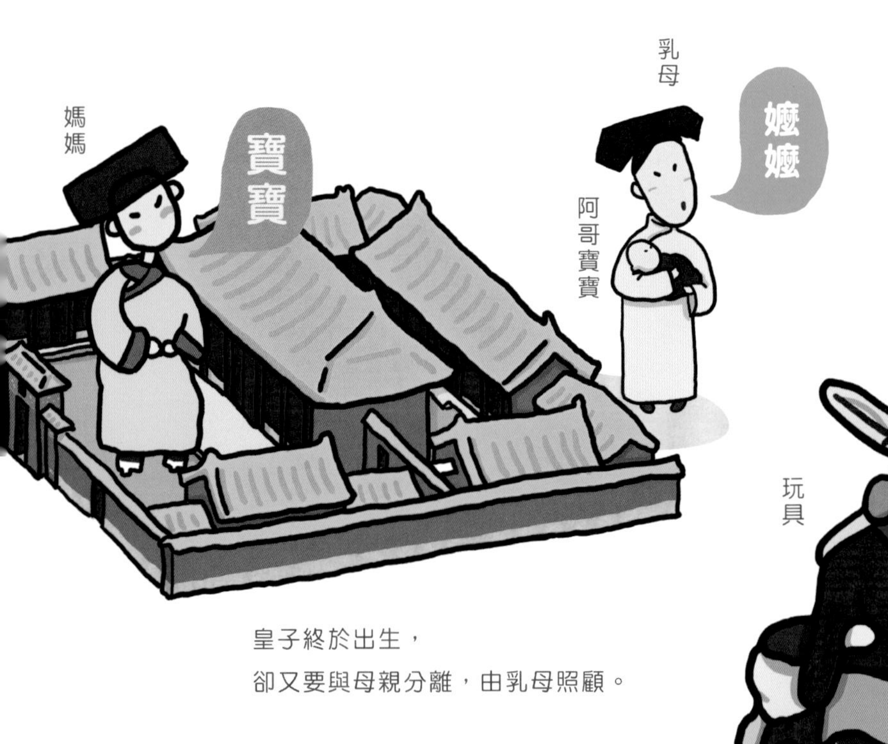

皇子終於出生，

卻又要與母親分離，由乳母照顧。

從小到大，與小皇子最親近的不是父母兄弟，而是一班跟他沒有血緣關係的太監。宮廷內有好多玩具，有些是皇太后、太妃婆婆過節時賞給阿哥、公主的，有些是太監公公、宮女姑姑用來哄逗小皇帝的。

玩具

用功（清宮讀書風氣）

為了栽培明日的君主，清代皇子的教育非常嚴謹。阿哥 6 歲開始上學，年紀小小便要熟讀儒家經典及歷史，如五經、《史記》、《漢書》、詩賦等典籍；同時又要學習多種語言，包括漢語、蒙古語及滿語（後來也學習英語哩），以應付外交的需要。還有軍事體育科，學習騎馬射箭，準備日後保家衛國，當一位文武雙全的好皇帝。

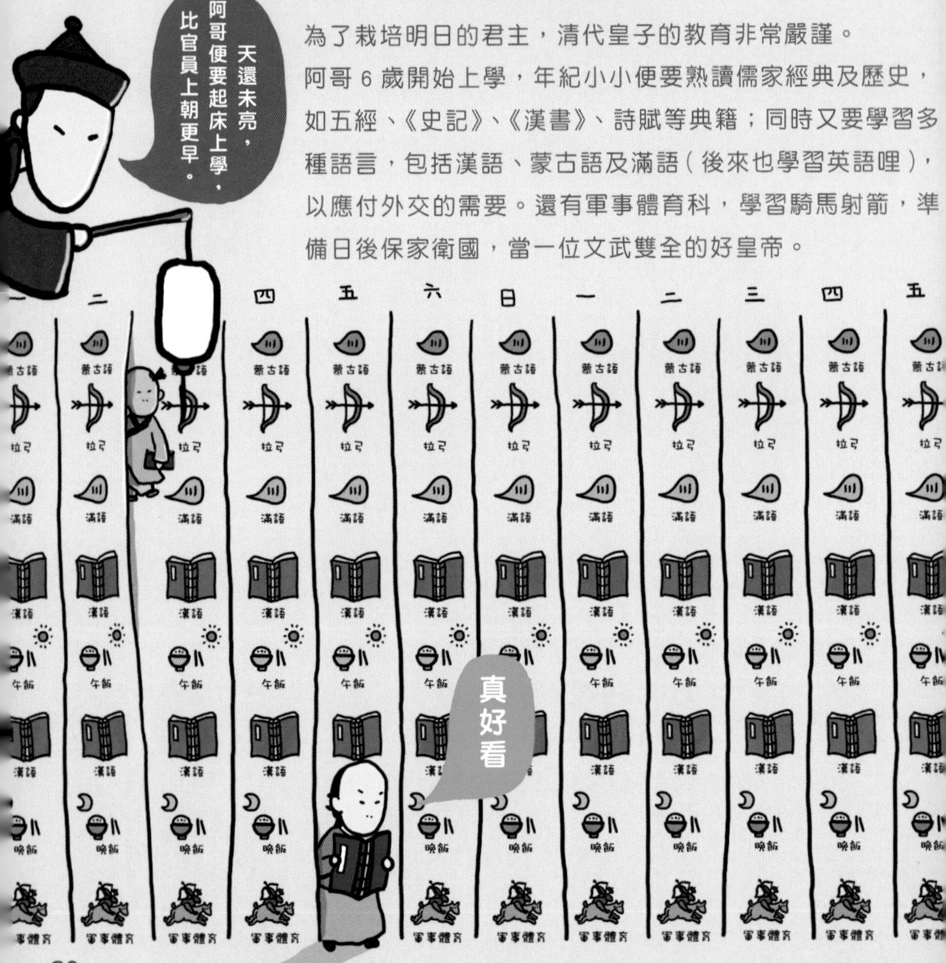

皇子讀書時間表，一年只有5天假

每日天未亮，阿哥就起床上學，上課時間由早晨 5 點至下午 3 點，至少 10 個小時。每年假期甚少，基本上只有元旦、端陽、中秋、萬壽（皇上的生日）和自己的生日共 5 天。除夕也不放假。相對於今日香港的學生，平均一年的假期相當於清代皇子 35 年的假期哩！

175÷5＝35

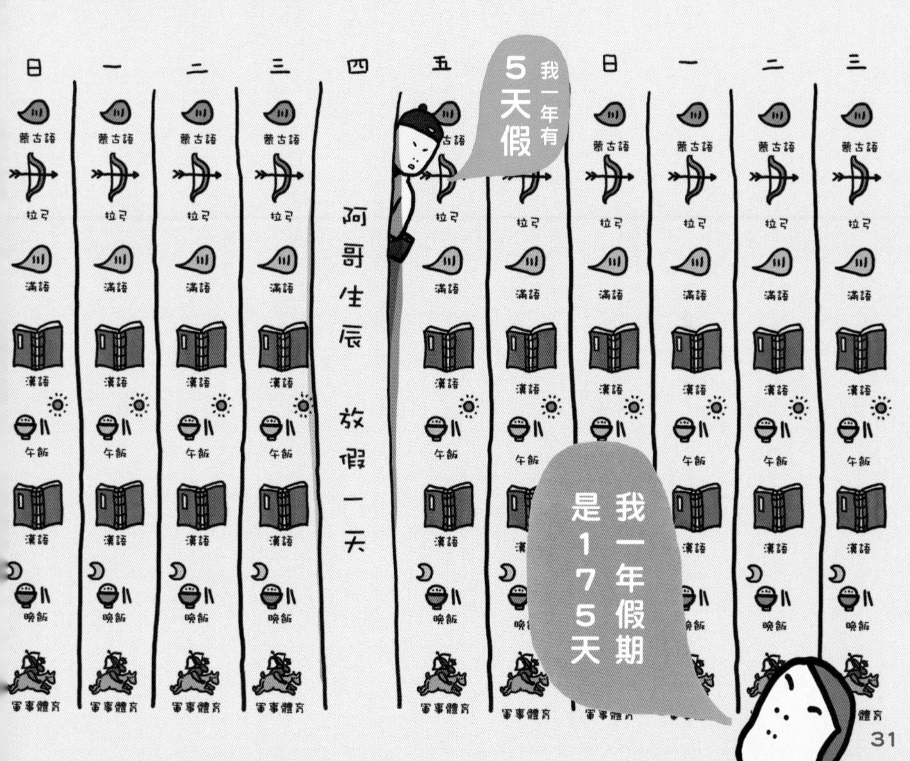

也文

嘉慶皇帝的爸爸乾隆特別長壽，所以嘉慶一直在上書房上了三十多年學，相當於現代學生完成博士學位後，還要多讀幾年。

也武

清朝皇室本是遊牧民族出身，因此對騎射武功訓練十分重視。阿哥每日吃過晚飯後，還要上一節「軍事體育課」，由滿、蒙貴族師傅教授騎馬和射箭的技巧。

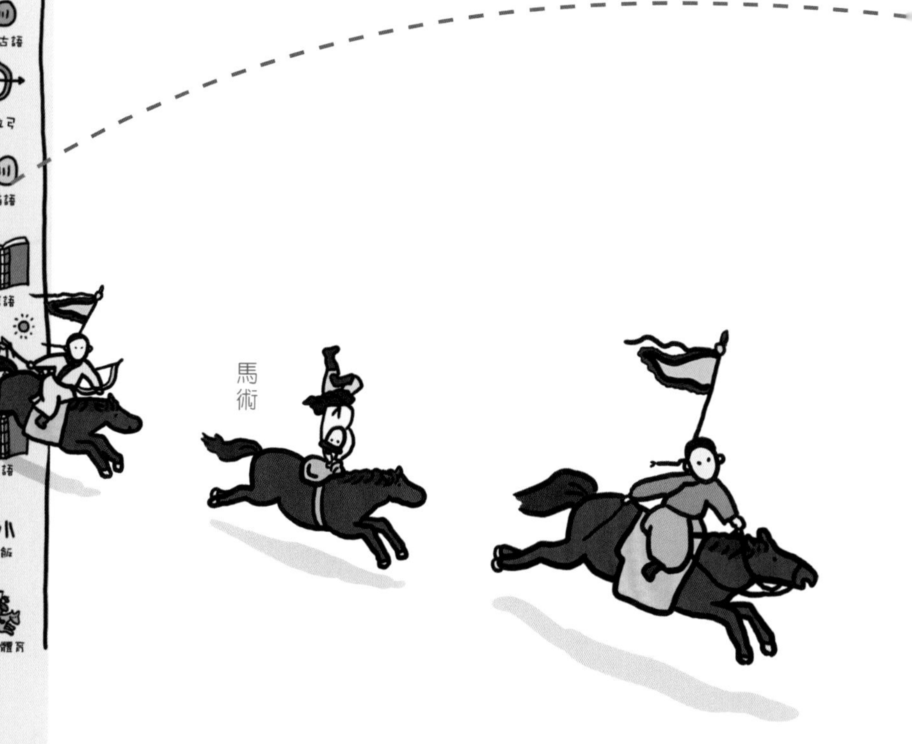

大顯身手 鎮靜卻敵

天理教暴民

嘉慶十八年（1813），有天理教暴民林清趁嘉慶皇帝到熱河避暑山莊，在宮廷宦官內應幫助下，與200教徒打著「大明天順」、「順天保明」等旗號起事，從東、西華門攻入宮城。二阿哥旻寧率軍隊抵抗，經兩日對戰，林清教眾被消滅，林清被抓後被凌遲處死。事後嘉慶大為震驚，一方面敕令保留在亂事中射中隆宗門匾額的箭鏃，永為警惕；另一方面對皇子旻寧對敵鎮定，大加讚賞。旻寧日後果獲嘉慶傳位，成為清代入關後的第六任皇帝（道光帝）。

……的背後
皇帝
正大光明
揭曉
一代傳一代，皇帝去世便由阿哥繼承帝位，眾阿哥競爭難免。看誰最有本領成為下一任皇帝，就成為每位在任皇帝的大難題。
眾阿哥
也許……

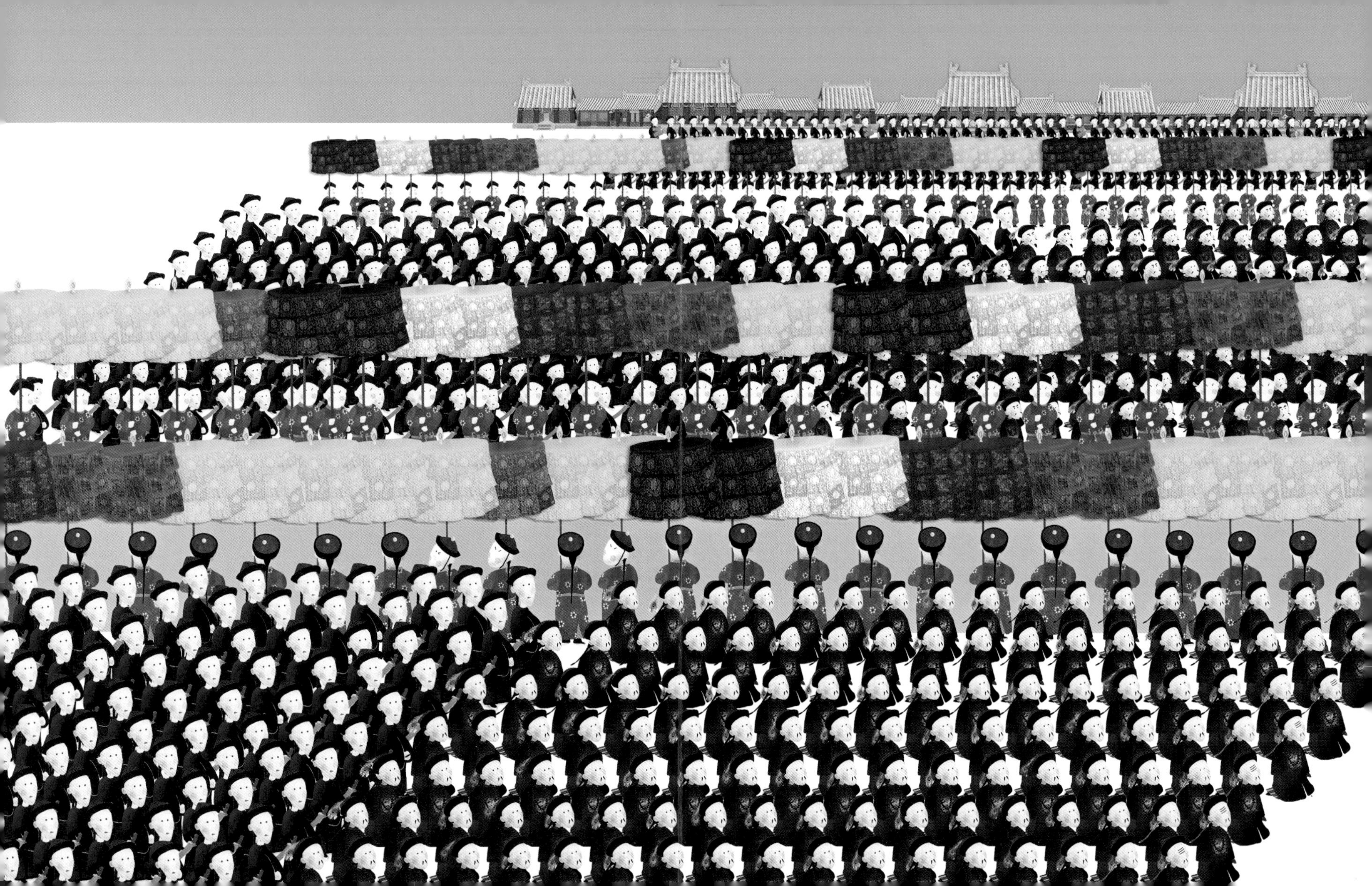

建儲匣揭曉

為減少阿哥的鬥爭，雍正皇帝創立了「建儲匣」的皇位繼承方法。皇帝在生時把繼任阿哥的名字寫在遺詔上，放入建儲匣內，藏在一個隱密的地方（乾清宮「正大光明」匾額後）。將來皇帝駕崩，便由王公親戚揭匣，公開這個天下最大的秘密。

有清一朝，在太和殿舉行過 4 次親政典禮。
順治皇帝 6 歲時曾在太和門舉行登基典禮，14 歲親政。
康熙皇帝 8 歲即位，14 歲時在太和殿舉行親政大典。
同治皇帝 6 歲即位，18 歲時在太和殿舉行親政大典。
光緒皇帝 4 歲即位，19 歲才坐到太和殿的寶座上。
最後一位坐上太和殿寶座的，是年僅 3 歲的溥儀。

皇帝在說……

皇家

皇家是皇帝的家，像棵大樹，皇帝是主幹，宮眷都是枝葉。主幹越高大，枝葉越茂盛。平日起居生活，就由樹下一大群宮婢、太監服侍。下人之下，還有雜役和大隊保衛皇宮的士兵。

大家庭

文武百官

朝廷官員的任命，除由皇帝委任的親王貴族和恩賜世襲的爵位外，基本上都是通過地方官的推薦，例如在漢代便開始的「**舉孝廉**」（讓又孝順又清廉的名人來做官），便是政府很好的「公民教育」措施。

進身朝廷最直接的途徑當然是讀書應考，由秀才而至舉人、進士，登甲狀元，報效國家，光宗耀祖。由於朝中一直以**讀書**人居多，所以，古代中國一直都是「文人政府」為主。

武官

騎射習武是滿族的傳統，武官不忘祖先遺訓，天天習武。滿族子弟絕不能因安逸的生活而忘本（初時！）。皇子也要上軍事體育課，絕對不能鬆懈。

得佳餚
刀法
御廚
御膳房由武官管理

文官
一品 仙鶴
二品 錦雞
三品 孔雀
四品 雲雁
五品 白鷴
六品 鷺鷥
七品 鸂鶒
八品 鵪鶉
九品 練雀

武官
一品 麒麟
二品 獅子
三品 豹
四品 虎
五品 熊
六品 彪
七品 犀牛
八品 犀牛
九品 海馬

月亮
陰陽平衡
太陽
照耀萬物
星辰
順應天理
黼（斧頭）
堅決果斷
黻
善惡分明
宗彝
智勇忠孝
藻
潔淨自愛
虎
蜼（長尾猿猴）

皇帝朝服：十二章紋象徵十二美德

皇帝朝服上有指定的章紋，早在周代（即二千多年前）已有「古天子冕服十二章」之制，即皇帝作為天的兒子，冕服上有十二種章紋，每種各有不同的含意，代表世間萬物一切美德與崇高的權力。

中國人自古便有「家國」大事的說法，用意是要由自律（修身）開始，繼而家庭與社會，直至國家民生都要關懷。在皇宮的前朝，皇帝處理的就是國家頭等大事；後宮是皇帝的家，也要事事祥和融洽。

家事國事 事事關心

國事（前朝）

家事（後宮）

皇后統率後宮
內外要分明

皇帝治理國家，太太（皇后）母儀天下，主持東、西六宮大小事務，令皇上無後顧之憂。古代行一夫多妻制，宮中嬪妃分為八級，人數不定，基本上來自八旗貴族家庭。她們自幼應選入宮，以保持皇家血統，主要職責都是服侍皇帝。

清後宮宮眷依序分為八級：

皇后一位（服侍宮女 10 人）

皇貴妃一位（宮女 8 人）

貴妃兩位（各宮女 8 人）

妃 4 位（各宮女 6 人）

嬪 6 位（各宮女 6 人）

貴人不限（各宮女 4 人）

常在不限（各宮女 3 人）

答應不限（各宮女 2 人）

宮女總共不超過 2,000 人

宮女

有女九千

人多吵鬧

明代後宮

不准出宮

宮女來自內務府選秀，朝廷規定凡 13 至 17 歲少女按時入宮「選秀」，由低級宮女開始執役。明代宮女「老死均不得離宮」，命運悲慘；而依清例，宮女熬至 25 歲便可役滿出宮。

太監

竟有十萬

明代太監

不可思議

後宮是宮眷生活的地方，既要解決粗重工作，又要嚴作「男女之分」，於是便出現凡於宮中服役的男性得先做閹割手術的「太監」制度。幸而這種要不得的陋規已隨著封建時代過去而消失。

明代秀女

明代美貌為尚

服侍皇上，首先要經過選秀。明代選宮女，外表最重要，量度手腳再看樣貌。

清代秀女

清代宮女選賢淑，當然美貌與智慧並重就更理想。幸運的可得到皇上的寵幸，晉升為皇帝的嬪妃；有的則被指配親王、郡王、皇子、皇孫。

封建時代奉行一夫多妻制，封建皇帝尤其多妻。除了皇后以外，皇貴妃、貴妃、妃、嬪、貴人、常在及答應都是皇帝的妻子（而且人數不限！）。她們住在皇宮的後宮裡，一心一意侍候皇帝，為他生兒育女。誰能先為皇上添個寶寶，地位即可提升。

小宮女

皇宮裡雖然並沒有像電影、小說中所謂的「冷宮」，但總有受到冷遇或被排擠的宮女、嬪妃。清代康熙皇帝曾批評明代宮中窮奢極侈，蓄養太監 10 萬，宮女 9,000。前者最後失控禍國，後者則每有衣食均無著落、在宮中不為人知的角落過著悲慘生活的故事。所以清宮厲行節約，侍從人數最多時也一直保持在約三千左右。縱然如此，一個 3,000 人的「家庭」也實在夠多人了！

古代皇宮沒有電影院，沒有電視機，更沒有電子網絡遊戲，最常見的娛樂就是觀賞戲曲。紫禁城內曾有 10 個大小不同的戲台，由昇平署安排戲班上演不同劇目，平日則上演較精短的折子戲。

遇上皇帝、太后等人生日，會有伶人演大戲慶壽，劇本稱為「九九大慶」，每次都要連演數日甚至數十日。孝順的乾隆皇帝曾為母親崇慶皇太后慶祝 60 歲生日，舉行了大規模的慶祝活動，從清漪園（今頤和園）至紫禁城全程約 15 公里，張燈結彩，歌舞雜技，普天同慶，逗得太后滿心歡喜。

皇宮內有太醫日夜當值，隨時為皇帝及後宮嬪妃診病。御藥房常備四百多種藥材。清朝皇帝特別長壽，平均年齡是 53.42 歲，為歷史上最高。在清以前，皇帝的平均壽命只有 40 歲左右。除了清朝皇帝的體質較佳，太醫的功勞也很大。

皇帝的膳食都有固定標準，食品用量大得驚人，每日膳食所需的物料一般為：盤肉 22 斤，湯肉 5 斤，豬油 1 斤，羊 2 隻，雞 5 隻，鴨 3 隻；白菜、菠菜、香菜、芹菜、韭菜等共 19 斤，大蘿蔔、水蘿蔔和胡蘿蔔共 60 個，包瓜、冬瓜各 1 個，苤藍、乾閉蕹菜各 5 個，葱 6 斤；玉泉酒 4 兩，甜醬和清醬各 3 斤，醋 2 斤。早晚隨膳餑餑 8 盤（每盤 30 個），每盤餑餑用料為上等白麵 4 斤，香油 1 斤，芝麻和澄沙適量，白糖、核桃仁和黑棗各 12 兩。此外，飲料用乳牛 50 頭，每頭牛每日交乳 2 斤，共 100 斤；又每日用玉泉水 12 罐，乳油 1 斤，茶葉 75 包（每包 2 兩）。

皇帝一人當然吃不下上百道的菜色，每頓剩餘的飯菜，一般都會賞賜給下人。

太監：上菜驗毒

皇帝進餐絕不簡單，先由太監逐道菜傳上，然後仔細逐一驗毒。皇帝遇上喜歡的菜式，也不能偏食，慎防讓人知道他的喜好而在食物中下毒。

御醫：驗便便

從前皇宮內沒有抽水馬桶的設備，皇家成員都使用「官房」如廁。官房平時收藏在寢室的裡間，用時才讓太監端出。如廁後，太醫可從糞便的顏色、形狀、軟硬度及氣味來診斷各種健康情況。

望君出
還不出巡哪！
知道了
知道了

還不快回宮！

望君歸

在古皇城正門（天安門）前後各有一對叫作「華表」的石柱，柱頂各蹲著一隻小「望獸」，有人叫牠們作「朝天吼」。門前的一對朝外，望著今天的天安門廣場；門後的一對則朝內，望著皇宮的方向。

傳說天安門前華表上的朝天吼還有一個很有趣的名字：朝外的叫做「望君歸」，在等待外出多時的皇帝，早日回來主持國家大事；而門內對著皇宮的則叫做「望君出」，在提醒皇帝不要老是耽於宮中各種享樂，總得關懷天下蒼生，出外視察民間疾苦才是。

無論皇帝出宮、回朝，4 隻忠心耿耿的朝天吼，總有一對在盼望哩！

沒將國家治理好，老百姓沒能過上安生日子，**罪一**；未能替母親養老送終，**罪二**；父親死時自己年幼，未能替父親服三年之喪，**罪三**；未與祖父、父親的子孫常敘叔侄、兄弟之情，**罪四**；親近漢族文士，疏遠滿族武將，**罪五**；對人要求過高，不能捨其短而用其長，埋沒了人才，**罪六**；姑息養奸，明知有些大臣庸劣不稱職，卻不能及時罷斥，**罪七**；國用浩繁，兵餉不足，只知讓群臣商議減少俸祿，卻不裁減宮中費用，厚己而薄人，益上而損下，**罪八**；營建宮室，極盡精巧，卻不體恤百姓之艱辛，**罪九**；董鄂妃逝世，喪葬過於排場，**罪十**；不以明朝滅亡為戒，仍然任用宦官，致使其營私舞弊，**罪十一**；貪圖安逸，不常接見群臣，致使上下情誼滯塞，**罪十二**；自恃聰明，不虛心納諫，致使臣下沉默不言，**罪十三**；自知有錯，卻不能及時改正，致使過錯越積越多，**罪十四**。

順治的反省

好皇帝，或想做好皇帝的皇帝，在天災出現、政權有異時都會下詔「罪己」，對天、對人表示：「錯都在我，就算了吧！」
清朝順治皇帝這篇詔書，便是對天文地理氣候、朝廷秩序、經濟民生都要負責的例子。皇帝就是不同，有時啥事都不管，有時又什麼都負責。

皇帝好
我們好
皇帝好

古人說得好，人民像水，皇帝則像一艘在水上的船——是行船，還是覆舟，就看這艘船是否順著水性行駛了！

大家都生活得好，自然天子萬年，何須動不動便「罪己」。

您說對嗎？親愛的皇帝先生！

歷史評價：

《起居注》、謚號、廟號

皇帝好壞與否，不只靠皇帝本人及當時的官員百姓來判斷。當他離世後，評價才剛剛開始。

皇帝駕崩後，會被給予一個寓含評價、帶有評論性質的稱號，稱為「謚號」。如康熙帝的「合天弘運文武睿哲恭儉寬裕孝敬誠信中和功德大成仁皇帝」謚號，共25字。皇帝死後也會被追封「廟號」，在太廟裡立宣奉祀時追尊。開國皇帝一般被稱為「太祖」或「高祖」，往後的皇帝一律稱為「宗」。如非開國的皇帝，但又被尊稱「祖」，大部分都是功績顯赫的君主，就如「明成祖」朱棣及「清聖祖」康熙，都「祖」得有理。

皇帝在生時，他的言行通通會被起居注官記錄下來，編成《起居注》，流傳萬世，成為歷史資料，給後世評價。為確保記錄的客觀性，皇帝是不許查看或刪改《起居注》的。

明清皇帝

皇帝說

看似一樣
原來很不同

朱元璋　明太祖　洪武皇帝

在位 31 年（1368 - 1398）
曾當和尚，明朝開國皇帝，
皇宮在建康（今天的南京）。

朱允炆　明惠帝　建文皇帝

在位 4 年（1399 - 1402）
因削藩（收回權力）惹惱諸王（叔父），
燕王朱棣攻入南京，惠帝失蹤。
一說被燒死，一說外逃。

朱棣　明成祖　永樂皇帝

在位 22 年（1403 - 1424）
遷都北京，並下令編纂《永樂大典》，
以及興建紫禁城。

朱高熾　明仁宗　洪熙皇帝

在位 8 個月（1425）
因體胖而行動遲緩。
體弱多病的洪熙皇帝，登基僅 8 個月
就一病不起，駕崩於欽安殿。

朱瞻基　明宣宗　宣德皇帝

在位 10 年（1426 - 1435）
喜歡射獵、美食、鬥促織（蟋蟀）和
戲遊無度的皇帝，人稱「蛐蛐皇帝」。

朱祁鎮　明英宗　正統皇帝、天順皇帝

先後共在位 22 年（1436-1449，1457-1464）

唯一用過兩個年號的明朝君主。

朱祁鈺　明代宗　景泰皇帝

在位 7 年（1450-1457）

在位年期雖短，景泰藍卻很出名。

朱見深　明憲宗　成化皇帝

在位 23 年（1465-1487）

終日沉溺於後宮與比他大 19 歲的宮女萬貴妃享樂。

朱祐樘　明孝宗　弘治皇帝

在位 18 年（1488-1505）

民間傳說，孝宗出生時為免被當時的寵妃萬貴妃害死而躲起來，到五歲時才與父皇（憲宗）相認。

朱厚照　明武宗　正德皇帝

在位 16 年（1506-1521）
常常離開北京四處冶遊，尋花問柳，
一離宮就是數月甚至長達一年。
極好逸樂，在宮外建了「豹房」，
親自訓練虎豹作樂，不願住在紫禁城，
國事敗壞，很要不得！

朱厚熜　明世宗　嘉靖皇帝

在位 45 年（1522-1566）
大興土木，迷信方士，尊崇道教，
好長生不老之術。幾乎死於被他虐待的宮女

朱載垕　明穆宗　隆慶皇帝

在位 6 年（1567-1572）

穆宗對朝政毫無所知，
每次上朝都要由大學士代答，
在經筵上也經常不發表意見。

朱翊鈞　明神宗　萬曆皇帝

在位 48 年（1573-1620）

二十多年不出宮門、不理朝政、
不祭天、不祭祖、不上朝、不接見大臣、
不批閱奏章、不參加經筵。

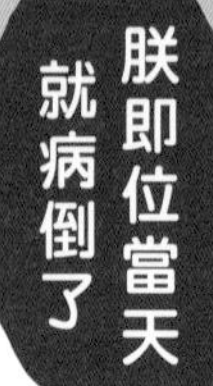

朱常洛　明光宗　泰昌皇帝

在位 1 個月（1620）
縱慾過度，即位當天就病倒了，
後因服用丹藥而亡。

朱由校　明熹宗　天啟皇帝

在位 7 年（1621-1627）
還未接受正式教育已當上皇帝，
具有木匠天分，沉迷木工。在位時任用宦
魏忠賢，致使朝政腐敗。

入關

新覺羅努爾哈赤　清太祖　天命汗

在位 11 年（1616-1626）

在關外打江山。

愛新覺羅皇太極　清太宗　天聰汗

在位 17 年（1626-1643）

率軍入關。

大明276年的基業
竟在朕手中斷送

朱由檢　明思宗　崇禎皇帝

在位 17 年（1628-1644）

操勞，每天夜以繼日地批閱奏章，

儉自律，企圖挽回已崩潰的江山。

可最後還是在景山自縊身亡，

明朝至此滅亡。

愛新覺羅福臨　清世祖　順治皇帝

在位 18 年（1644-1661）
清朝入關後的第一位皇帝，
疑因染上天花駕崩。

愛新覺羅玄燁　清聖祖　康熙皇帝

在位 61 年（1662-1722）
中國歷史上在位時間最長的皇帝。

愛新覺羅胤禛　清世宗　雍正皇帝

在位 13 年（1723-1735）

為免皇子間為帝位相爭，即位後創立「建儲匣」制度。

愛新覺羅弘曆　清高宗　乾隆皇帝
在位 60 年（1736-1795）
大清盛世，已臻巔峰。
題字
小弘曆
寫詩
太上皇

愛新覺羅顒琰　清仁宗　嘉慶皇帝

在位 25 年（1796-1820）

由於父皇乾隆長壽，留在御書房讀書的歲月特別長。

當上皇帝後清朝國力已呈敗象，加上教民作亂，疲於應付。

愛新覺羅旻寧　清宣宗　道光皇帝

在位 30 年（1821-1850）
小時候曾勇退闖宮亂民，即位後保守且吝嗇。

愛新覺羅奕詝　清文宗　咸豐皇帝

在位 11 年（1851-1861）
早產嬰兒，身體虛弱。
在位期間發生太平天國動亂。

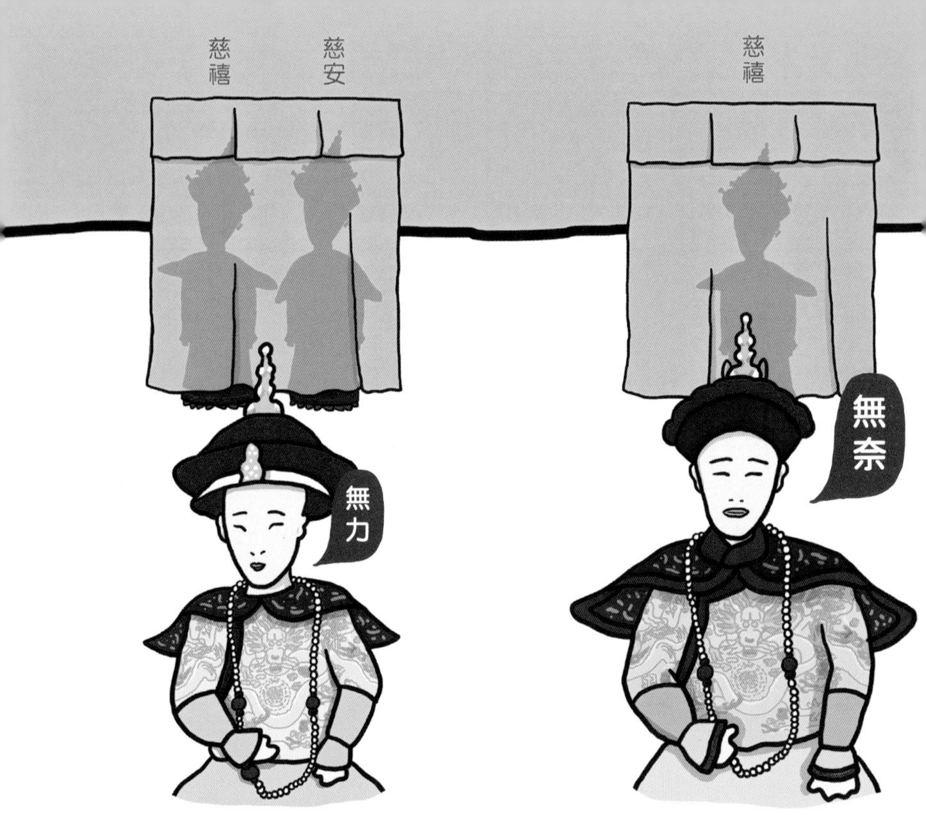

愛新覺羅載淳　清穆宗　同治皇帝

在位 13 年（1862-1874）
生母是慈禧。在位期間慈禧與慈安兩位太后垂簾聽政，無力自主。
傳聞常到宮外酒肆、戲館、花巷尋花問柳。

愛新覺羅載湉　清德宗　光緒皇帝

在位 34 年（1875-1908）
慈禧太后繼續垂簾聽政。
企圖維新改革，但失敗被囚。
慈禧實際上統治中國長達 48 年。

愛新覺羅溥儀　宣統皇帝

在位 3 年（1909 -1912）
中國最後一個皇帝，即位時才 3 歲，
6 歲便退位，中國封建帝制從此結束，
直到 1924 年才離開紫禁城。愛好西洋事物，
學習英文、數學、世界歷史、地理等。

電視觀眾的「期望」

縱然封建皇朝結束，皇宮成了「故宮」，
觀眾依然充滿熱情地期待一齣齣皇帝的故事。

又大結局……

又大結局……

讓我來說，我覺得
好皇帝應該……

寫給將來的您

您好！

既然紫禁城保存至今已經超過六百年，希望您也可以把這本書好好保存，幾時想起便可翻出來看看，長大了又可打開來看一看您小時候，我們給您講的故事。然後，該是時候由您想一想，要怎樣將故事說給您的小朋友聽了！

故宮裡的一切，基本上都是有生命的。就在您的小時候，這個世界已開始變得不太真實，人與人之間已逐漸不牽手，動物漸漸減少，植物除了在公園，就是在海報或屏幕裡才可見。「活生生」這個詞的解釋要快速調整來適應迅速遠離「活生生」的生活。每一件事，都讓人思考。

我們總有一些自己珍惜的東西，這些東西代表著一些故事、回憶或者貴重的價值。變成了博物院的紫禁城，本身就是一件大寶物，裝載著明、清兩個皇朝最重要的歲月，代表了一個民族，甚至整個人類都珍惜的故事和回憶，這一切，都藏在這座人類最大的皇宮裡。

其實，在說給還是小朋友的您聽時，我們已不太了解六百多年前，曾經有十多萬人（如果記載是真的）在裡面生活和活動的皇宮是怎樣的一回事。根據 2009 年的統計，最多遊客參觀故宮的一天，人數正好就是十多萬。這是比一個主題公園還要多的參觀人數，對一座皇宮來說，